AF595738

SUR LES ÉLECTIONS.

PAR M. DE BONALD, *Député de l'Aveyron.*

Les élections par le peuple sont la partie populaire de notre constitution.

Mais les formes et les conditions de l'élection peuvent être monarchiques ou républicaines.

Bonaparte, en plaçant l'élection dans les six cents plus imposés, avoit fait de l'élection une charge de la propriété. Il avoit généralisé la loi, ce qui est aussi monarchique que peut l'être une loi d'élection.

La Charte, en plaçant l'élection dans les contribuables de 300 francs, en a fait un droit des individus; elle a individualisé la loi, ce qui est tout-à-fait populaire.

Bonaparte faisoit présenter les candidats par les six cents plus imposés, et nommer les députés par le sénat, et par là il faisoit présenter par ceux qui avoient le plus d'intérêt aux bons choix, et nommer par ceux qui n'avoient pour eux-mêmes aucune prétention. Tout cela encore étoit monarchique.

La Charte fait élire directement sur une population d'éligibles par une population d'électeurs. Entre ces deux masses, point d'autre titre à l'élection que des opinions de parti, point d'autre motif d'exclusion que des haines de parti, ce qui est tout-à-fait populaire.

Mais une loi d'élection, quelle qu'elle soit, n'est au fond qu'une manière plus ou moins directe d'interroger l'esprit et l'opinion d'une nation. Ainsi faites une nation ce qu'elle doit être, et elle vous répondra ce qu'elle est.

Le dernier gouvernement exagéroit la monarchie plutôt qu'il ne l'altéroit. Il avoit fait des lois monarchiques dans leur principe, quoique despotiques dans leur exécution. La nation françoise étoit donc monarchique, car une nation prend l'esprit et le caractère de ses lois et de son gouvernement. Le

Roi à son retour l'interrogea, et la chambre de 1815 fut sa réponse.

Autre temps, autres lois; autre esprit, autre réponse: et la dernière a été un homme qui a condamné Louis XVI, et quelques autres qui l'auroient jugé.

Il faut donc faire une nation monarchique, pour qu'elle puisse faire, dans les élections, une réponse monarchique.

Il faut faire une nation monarchique, si on ne veut pas que les événemens tout seuls la fassent monarchique à force de malheurs. Et c'est ce qui s'est déjà fait en France une fois.

Bonne ou mauvaise, la loi du 5 février n'a pas convenu aux électeurs.

Elle ne leur a pas convenu, puisque d'année en année un nombre toujours moindre s'est rendu aux élections, quoique poussés par les partis. Elle ne leur a pas convenu, puisque dans les 80,000 signatures extorquées pour le maintien de la loi du 5 février on trouve bien peu d'électeurs, et qu'à Paris même, où sont réunis les électeurs en plus grand nombre, 700,000 âmes n'ont donné que 600 réclamans, qui ne sont pas tous électeurs à beaucoup près.

La loi qui faisoit approcher les électeurs de l'élection n'a pas réussi; il falloit donc essayer d'une loi qui rapprochât l'élection des électeurs, car sans électeurs on ne peut pas faire une loi d'élection.

Tel a été l'objet des colléges d'arrondissement, base de la loi proposée et de l'amendement adopté.

Mais le temps, disent quelques personnes, auroit modifié la loi du 5 février, dont elles ne dissimulent pas le danger et les vices. Le temps ne modifie que les lois qu'il a faites. Les lois des hommes, les lois écrites, il ne les modifie pas, il ne peut pas les modifier, il les fait tomber en désuétude, et c'est ce qui est arrivé à la loi du 5 février déjà tombée en désuétude pour les électeurs qui ne viennent plus aux élections et qui y seroient bien moins venus après les débats qui ont eu lieu à la chambre.

Il a donc fallu faire des changemens à cette loi.

Mais ces changemens, dit-on, violent la Charte. Chacun peut affirmer à cet égard pour ou contre ce qu'il croit; mais personne ne peut le prouver, pas même le savoir. Il faut enfin connoître le gouvernement sous lequel on vit. La Charte, en tant qu'elle institue le gouvernement représentatif, et comme constitution de l'Etat politique, n'est ni l'article premier ni l'article dernier : *elle est la division des trois pouvoirs pour délibérer la loi et leur accord pour la faire.* Tout ce que les trois pouvoirs arrêtent dans leurs formes constitutionnelles, c'est-à-dire à la majorité légale des voix dans les deux chambres, sous la libre sanction du Roi, ils le trouvent nécessairement dans la Charte, et tout ce qu'ils y trouvent y est. Il faut le croire ainsi, ou il n'y a plus d'autorité, plus de pouvoir, plus de société; il faut le croire ainsi, ou se mettre soi-même hors du gouvernement représentatif, hors de la société.

Il faut le croire ainsi, ou le gouvernement n'est en France que l'*intérim* de l'anarchie.

Si la loi ne permet pas de supposer que le roi puisse errer, elle ne permet pas davantage de croire que les trois pouvoirs puissent faillir.

Si on tiroit de ce principe incontestable des conséquences odieuses, je répondrois qu'il est criminel au premier chef d'attribuer des intentions ou des démarches criminelles aux pouvoirs constitués.

C'est dans cette maxime, ou plutôt dans ce dogme, que la chambre des communes d'Angleterre a puisé cette *omnipotence* dont elle se glorifie, et qu'elle a fait servir à la prospérité de son pays, comme à sa discipline intérieure, cette omnipotence qu'elle s'est attribuée dans sa haute sagesse et avec une admirable prévoyance, pour n'avoir jamais besoin de recourir à la mortelle mesure d'une *convention.* C'est là le chef-d'œuvre de sa constitution, qui a ainsi des remèdes pour tous les maux.

Nous avons donc pu, et en toute sûreté de conscience, délibérer des changemens à la loi du 5 février, et une fois adoptés par nous, quand la chambre des pairs les aura consentis, quand le Roi les aura sanctionnés, ils seront dans la Charte, parce qu'ils y étoient.

La loi de la candidature, l'amendement, même la loi du 5 février (avant les derniers débats), toutes ces lois me paroissent à peu près indifférentes; je n'y vois qu'une manière d'interroger l'instrument, et il vous répondra faux ou juste, selon qu'il aura été bien ou mal accordé.

Les discours des membres du côté gauche de la chambre ont été de longs sophismes longuement délayés dans des déclamations violentes et injurieuses, sur les deux mots vagues et jamais définis, *droits* et *représentans*.

Je le dis avec un célèbre ministre d'Angleterre, parlant à la chambre des communes contre les radicaux : « Nous ne sommes pas des représentans, » mais des magistrats électifs. » Le seul représentant de la nation est le roi, qui la représente au dedans pour réprimer tous les désordres et protéger toutes les foiblesses; qui la représente au dehors pour faire en son nom la paix et la guerre, et sous Buonaparte les députés ne s'appeloient pas des représentans. Le mot de représentant, appliqué aux députés, est hostile et démocratique; le mot magistrat est moral et monarchique, et donne une bien plus haute idée de leurs fonctions et de leurs devoirs. Les députés, je le répète, sont des magistrats électifs, comme les pairs sont des magistrats héréditaires. Le mot *magistrats* n'a jamais eu en France d'autre acception dans la langue politique, et les membres de nos anciennes cours souveraines n'étoient des magistrats que parce qu'ils avoient dans l'enregistrement des lois quelque participation au pouvoir politique; car sans cela ils n'eussent été que des juges. Cette qualité prétendue de représentant ne souffre pas la discussion : car, que représentent les députés? des hommes sans doute, et les volontés générales de la nation; et voilà que Rousseau, le *maître* de la science politico-populaire, dit très-bien « que la volonté générale ne peut être re» présentée. » Des intérêts — Mais l'homme, être intelligent, ne peut pas représenter des intérêts matériels, mais seulement la *volonté* de régler des intérêts, et nous retombons dans la maxime juste et vraie du philosophe de Genève. Des hommes ne pourroient donc représenter que des volontés humaines, et dès lors, d'après l'opinion de Rousseau, ils ne représentent rien. Mais s'ils ne représentent rien, ils font bien plus : ils règlent tout comme magistrats; et certes la fonction est assez étendue et assez honorable. Ainsi *représentant* et *représentation* nationale sont des mots vides de sens, et voilà tout.

D'un autre côté, le mot *droit*, appliqué à la fonction ou à la charge d'électeur, n'a pas jeté moins de vague dans la discussion. Si la fonction d'électeur étoit un *droit*, un droit naturel à l'homme en société, il est évident que la charte, qui a aboli les priviléges et décrété l'égalité, auroit créé un privilége en faveur des quatre-vingt mille électeurs au préjudice de tous les autres citoyens, et établi entre eux l'inégalité la plus choquante; car un privilége n'est autre chose qu'un droit qui appartient à tous, permis à quelques-uns, interdit à tous les autres.

Disons-le donc, la fonction d'électeur est une charge imposée à la propriété, et qui a pu être inégalement imposée à l'inégalité de propriété. C'est une *charge*, en la prenant au moral, pour obligation, devoir, office, *officium;* en la prenant au physique, pour impôt, que la fonction d'aller à ses frais choisir, loin de son propre domicile, l'homme dont la voix, la voix unique, peut décider de si grands intérêts, et faire à son pays tant de bien et tant de mal. C'est une charge, et dès lors elle a pu être inégalement imposée suivant l'inégalité de propriété, la plus ancienne, la plus naturelle, et la plus indestructible des inégalités, qui divise la société en deux classes qu'il faut considérer dans la généralité de leur position sociale, et non assurément dans l'individualité de leurs personnes : la classe pauvre ou peu aisée et la classe riche; la classe qui commence sa journée et la classe qui la finit; la classe qui marche et qui doit marcher vers le but naturel et raisonnable que toute famille doit se proposer, et la classe qui l'a atteint. Dans celle-ci réside partout ce qu'on peut appeler la force morale de la société, cette force dirigeante et éclairée qui résulte d'une instruction plus étendue, d'une éducation cultivée dans le loisir et les moyens que procure la richesse, et par les relations plus suivies et plus multipliées qu'elle donne avec les hommes, les affaires et les événemens de ce monde. Dans l'autre classe est la force physique, force aveugle qui partout se trouve dans le nombre.

Dès que la loi proclame l'égalité entre les individus, elle doit se hâter, sous peine de tout jeter dans la confusion et le désordre, d'établir l'équilibre entre les forces, entre la force morale et la force physique, et par les fonctions morales, qu'elle attribue à l'une, compenser la supériorité de forces physiques que son nombre et sa pauvreté même donnent à l'autre.

C'est ce que n'avoit pas fait du tout la loi du 5 février, et ce que font un peu mieux et la loi de candidature, et l'amendement qui accorde le double vote à la grande propriété, c'est-à-dire lui impose une double charge.

Là, et là seulement, est l'harmonie de la société qui en constitue l'ordre ou la distribution proportionnelle des forces différentes; ordre en tout semblable à l'harmonie physique qui consiste pour les yeux comme pour les oreilles dans la combinaison de différentes couleurs ou de différens tons; et là où il n'y auroit qu'un ton et une couleur, il n'y auroit ni musique ni peinture, mais bruit et confusion.

Ces vérités sont aussi vieilles que le monde, et les langues des peuples les plus anciens et les plus éclairés, les langues, ces immortelles archives de la raison humaine, en offrent la preuve. *Aristocratie* en grec signifie proprement supériorité de la force morale, *optimates* en latin signifie la même chose. Ce mot, je le répète, s'entend ici d'une généralité de position et non d'une individualité de mérite personnel; et cette expression, si elle n'est pas toujours une vérité qui puisse s'appliquer aux individus, doit toujours, pour les classes éclairées, être une leçon.

S'il n'étoit convenu depuis long-temps que les jurisconsultes, à parler en général, ne sont pas de profonds publicistes, on pourroit s'étonner que dans le cours des débats où ils ont tous assez longuement parlé, ils n'aient pas fait une réflexion qui est tout-à-fait dans les habitudes de leur profession. Il y a une honteuse ignorance à croire que les affaires publiques doivent être conduites par d'autres règles que celles que le bon sens de tous les pays a établies pour la conduite des affaires privées. Dans toute entreprise commerciale, dans toute association d'intérêts privés, banque publique, compagnie d'assurance, ou pour le dessèchement des marais, construction de canaux, etc., le dividende se partage également entre tous les actionnaires ou plutôt entre toutes les actions; mais le droit de suffrage dans le conseil de l'entreprise et la direction des affaires communes est imposé comme une charge, et sans rétribution, aux plus forts actionnaires, et qui ont même un nombre déterminé d'actions, comme à ceux à qui l'on doit supposer plus de loisir, d'intérêt et de lumières. Dans le règlement des dettes d'un failli, c'est également la somme des créances et non le nombre des créanciers qui règle le rang à prendre, et détermine les arrangemens. Ces comparaisons sont exactes, parce que les termes sont *semblables* s'ils ne sont pas égaux, et de là vient que le nom de *société* a été donné à toute association d'intérêts privés, comme aux grandes associations des intérêts publics qu'on appelle Etats ou familles.

La France aujourdh'ui, sous le rapport de la propriété agricole ou même industrielle, peut être considérée comme une vaste compagnie d'agriculture ou de commerce, divisée en actions dont l'unité fondamentale est 300 francs, et alors on expliquera comment on a pu légitimement donner dans la candidature la présentation aux uns, la nomination aux autres, et comment on a pu, dans l'amendement adopté, à la place de la candidature, donner aux uns un double vote; et prenez-garde que l'on trouve un exemple de ce double vote dans toutes les délibérations des corps administratifs et judiciaires où les votans se trouvent en nombre *pair*, et où la loi donne au président la voix prépondérante; car, dans cette hypothèse, la loi lui impose un double devoir, ou, si l'on veut, par une fiction plus hardie, elle suppose la présence d'un votant qui n'existe pas.

Je reviens à ce que j'ai dit plus haut sur le vague qu'avoient jeté dans les discussions de la chambre les mots faux ou mal appliqués de *représentans* et de *droits*. Ce mot *représentans* a été cause de l'augmentation du nombre des députés, mesure que je ne crois ni prudente ni nécessaire. Quatre cent trente députés ne représentent pas plus une nation de vingt-huit millions d'âmes que deux cent cinquante-six; car entre des quantités si prodigieusement inégales, il n'y a pas de rapport possible: comme représentans nous ne serons pas assez, comme magistrats nous serons trop. Nous ne représenterons pas plus et nous règlerons moins, parce que nous serons nous-mêmes un peu moins réglés.

La proportion de nombre entre la chambre des pairs et celle des députés n'est d'aucune importance, attendu qu'elles délibèrent séparément. La chambre des communes d'Angleterre est plus nombreuse. Mais les membres de cette assemblée, plus près presque tous de leur domicile que nous ne le sommes, et nommés pour sept ans, et beaucoup toujours réélus, s'absentent plus fréquemment et plus long-temps que nous de leurs séances, et délibèrent souvent en moindre nombre que nous. Une assemblée nombreuse en France n'en sera pas plus calme et parlera beaucoup plus. En Angleterre, on entend cinq à six orateurs sur une question, et l'on n'y voit pas de ces listes de cent vingt orateurs qui endormiroient les trois royaumes.

Nos sénats auroient plus besoin de censeurs comme Appius ou Caton, que d'orateurs comme Cicéron ou Hortensius.

En considérant l'élection comme une charge et la députation comme une magistrature, on auroit été conduit à cette idée, que, dans une loi d'élection, il s'agissoit moins des électeurs que des députés, moins des moyens que du but, moins d'appeler un nombre plus ou moins grand d'électeurs que de faire de bons choix de députés, et que ce n'étoit pas pour la satisfaction des électeurs, mais pour le bonheur de la France qu'il falloit faire une loi d'élection. En considérant l'élection comme un droit et la députation comme une représentation, on a été conduit à des idées toutes différentes, on a vu les moyens plus que le but, les électeurs plus que les députés, et les représentans plus que les représentés. Toute loi a paru bonne, même la loi du 5 février, dès qu'elle a pu appeler des armées d'électeurs, établir entre eux tous la plus rigoureuse égalité, ne tenir aucun compte du moral de l'élection, et ne régler que le matériel. On a cru avoir tout arrangé lorsqu'on a eu aligné des chiffres, et compté qu'ici cent électeurs nommeroient un candidat, là cinquante en nommeroient autant : on a appelé cela des irrégularités, comme si tout l'ordre ou tout le désordre de la société étoient dans des parités ou des différences de nombres! C'est dans le même esprit qu'on a donné à l'industrie la même part à peu près dans l'élection qu'à la propriété foncière, disposition tout-à-fait démagogique, contraire à la nature des choses, car, à considérer la société comme une *cité*, ainsi que l'appeloient les anciens, la propriété foncière est la ville, et l'industrie ce sont les faubourgs.

Les mots *aristocratie* et *oligarchie* ont servi merveilleusement à remplir le vide des discours. Mais, à côté des *ultrà royalistes*, des orateurs, même parmi les adversaires des propositions royales, ont parlé des *ultrà libéraux*. Nous voilà donc entre deux aristocraties : et comment échapper à ce double danger? je ne connois qu'un moyen, celui de les exclure tous et nominativement des élections, et j'y consens pour ma part. Mais si on ne le peut pas, si on ne le veut pas, qu'on cesse donc de s'occuper des personnes, qu'on ne voie que les institutions, et qu'on sache bien qu'en France les injures usées deviennent ridicules et retombent sur leurs auteurs. L'aristocratie à craindre pour les élections, est l'aristocratie de l'argent, seule aristocratie possible aujourd'hui. L'aristocratie territoriale n'a d'influence que sur les hommes qui ne paient pas 300 francs. L'aristocratie du commerce agit directement sur les autres, surtout sur les patentés, et tel banquier de Paris auroit plus d'influence sur les élections et même sur les insurrections, que toute l'aristocratie foncière du royaume, y compris même la chambre des pairs : on en a eu la preuve dans les dernières élections de Paris, où se trouvent toutes les supériorités morales et politiques, et dont la députation compte quatre banquiers sur huit députés.

J'ai entendu dans cette séance des invitations

amicales à l'aristocratie de ne plus se distinguer du reste des citoyens et de se *fondre* dans la nation. Je voudrois bien savoir ce qu'on entend et ce qu'on veut. D'abord une grande partie de ces familles aristocratiques y ont *fondu* leurs biens, et c'est déjà quelque chose; et quoique le sacrifice n'ait pas été tout-à-fait volontaire, il n'est pas moins immense, et peut-être devroit-on savoir quelque gré à ces familles d'avoir conservé pendant des siècles ce qui devoit un jour faire à si peu de frais tant de plaisir à leurs concitoyens, et leur donner en si peu de temps et avec si peu de peine tant de profit. Restent donc les personnes. Beaucoup aussi ont été *fondues* dans la révolution, et ce qui a survécu se fond tous les jours. En attendant ces aristocrates paient les impôts comme les autres, vivent comme les autres dans la médiocrité ou même dans la pauvreté, servent l'Etat comme les autres jusque dans les *droits-réunis*. En quoi donc se distinguent-ils du reste de la nation? Je ne leur connois qu'une distinction inconstitutionnelle et incontestable : c'est la haine dont on les poursuit et dont ils s'honorent. Ils ne votent pas comme vous sur toutes les questions, c'est vous qui ne votez pas comme eux: ils n'ont pas, dites-vous, oublié le mal qu'on leur a fait; ils n'auroient aucun mérite à le pardonner s'ils l'avoient oublié, et plût à Dieu que ceux qui l'ont fait voulussent enfin l'oublier! Ils sont les ennemis de la charte. — Je ne crains pour elle que ses amis.

Ces ardens amis de la charte s'étonnent, s'offensent que nous suspections l'excès de leur amour. Certes, sans parler de tout ce qui a été dit de séditieux dans le cours des débats, et des doctrines anarchiques qui ont été ouvertement et effrontément soutenues, il n'y a qu'à lire ce qu'on y a dit sur la chambre des pairs, qui, sans doute, se trouve aussi dans la charte, et fait partie essentielle du gouvernement représentatif, pour se convaincre que ces amis de la charte n'en prennent que ce qui leur convient et rejettent tout le reste : ainsi, par exemple, il a été dit à notre tribune, en parlant de la chambre des pairs « qui n'ont d'antique que la forme de » leurs manteaux et la brillante pose de leurs » plumes. Sans supprimer un second degré de dé- » libération reconnu essentiellement utile par tous » les bons esprits, on pourroit chercher à fonder » sur des bases plus analogues à notre situation » sociale, une institution *exotique* transplantée » parmi nous avec tous les vices de la vétusté, et » sous des conditions *désormais impossibles* à ob- » tenir en France.

» Conseillons donc à MM. les pairs d'écarter » l'examen de cette fausse imitation, peu capable, » dans cette France nouvelle, de jeter de pro- » fondes racines sur un sol qui la repousse. » (*Moniteur*, 22 *et* 23 *mai*, n°s 143, 144.)

Est-ce assez démocratique, et les opposans ont-ils tant de tort de supposer que le parti qui se dit exclusivement libéral et constitutionnel, feroit à ses amis de grandes *libéralités* sur la constitution, et leur sacrifieroit sans répugnance tout ce que la charte a de monarchique ? Et si l'on en veut une preuve plus décisive, qu'on se rappelle qu'un membre de la chambre ayant fait de la légitimité un dogme, un autre reprit l'expression et en fit une condition : et c'est ce qu'exprime à mots couverts ce cri de *vive la charte*, qu'un ouvrier arrêté il y a peu de jours, et cherchant à s'excuser, interprétoit naïvement par ces mots, *vive la république!* Or une légitimité, loi première et fondamentale de tout ordre politique, devenue la condition de l'observation de 76 articles d'une loi dont plusieurs sont fort obscurément rédigés, est une légitimité blessée à mort. C'est la légitimité du malheureux Louis XVI, sans cesse accusé, toujours justifié, et pas moins déclaré coupable d'avoir violé la constitution qu'il avoit jurée et dont il étoit, lui seul peut-être, scrupuleux observateur.

Et ne diroit-on pas que la révolution tout entière ait dû reparoître à la tribune, et les hommes de 89, et les doctrines de 93; que tout ait dû y trouver des apologies, des excuses, des regrets, des souvenirs, comme pour montrer dans un seul point de vue et en abrégé, à la France ses malheurs, à l'Europe ses dangers, à nous-mêmes nos devoirs.

Les dernières séances de cette discussion ont été marquées par des incidens plus sérieux.

Un député malade, de l'extrême gauche, s'est fait porter à l'assemblée dans une chaise à porteur. La nouveauté de la voiture pas trop libérale, et qu'on ne voit guère que dans les cours du château des Tuileries, et la célébrité de l'homme, ont attiré les curieux, et il a été reconduit à son hôtel aux cris de vive la charte et vive le député, en le nommant. Il eût été à désirer que, pendant cette marche triomphale, quelqu'un placé derrière lui l'eût fait souvenir, non pas qu'il étoit homme, comme pour les triomphateurs romains, mais qu'il étoit député.

Le lendemain, nouvelle *ovation*, nouveau concours : mais cette fois il étoit plus nombreux, et les cris de vive la charte ont été répondus par des cris de vive le Roi !

Rien de plus innocent que les cris de vive le roi, *vive la charte*, mais le cri le plus innocent, fût-ce celui de *vive Dieu*, peut devenir, par des circonstances accessoires, tout-à-fait criminel. Ces cris obstinés et provocateurs de part et d'autre devoient exciter des rixes entre les jeunes gens qui les proféroient; elles s'élevèrent au moment de la sortie des chambres; quelques députés furent regardés de travers, peut-être provoqués par quelques propos inconvenans, ou par des gestes menaçans. Dans le nombre de ceux à qui ils furent adressés, les uns donnèrent l'alarme, et d'autres la prirent.

Il n'y avoit eu ni mort, ni blessé, ni battu; cependant on en porta à la séance suivante des plaintes fort graves. Il étoit convenable et fraternel de laisser un libre cours à la première impression de crainte qu'avoient éprouvée quelques-uns des honorables députés; mais après cette condescendance pour la foiblesse humaine, il étoit naturel aux députés de se rappeler ce qu'ils étoient, quels étoient leurs devoirs et leurs fonctions, et de rentrer dans l'ordre de leurs délibérations.

On s'obstina cependant à soutenir que la représentation nationale avoit été violée, et l'on proposa de suspendre les délibérations : l'allégation et la conclusion étoient également déraisonnables. Des députés ou des représentans ne sont pas la représentation. Ils n'ont, hors du lieu de leurs séances, aucun caractère public, eussent-ils leur costume ou même dans leur poche une médaille que tout autre particulier peut se procurer; et assurément il seroit fâcheux pour la représentation nationale qu'elle eût à répondre de tous les lieux où peuvent se trouver des députés, de tout ce qu'ils peuvent y faire et de tout ce qui peut leur arriver.

La représentation nationale, ou pour parler plus simplement, la chambre des députés, qui n'est pas à elle seule la représentation nationale, ne peut être violée dans le lieu de ses séances que par la force ouverte, et hors de ses séances par des écrits; et je ne crains pas de dire que le respect qui lui est dû a été bien plus méconnu dans des discours tenus à sa tribune par ses propres membres, qu'il n'a pu l'être par les propos ou les gestes de quelques jeunes étourdis.

On peut assurer ces honorables députés qu'ils ne sont pas les seuls qui aient reçu des lettres anonymes les plus injurieuses ; pas les seuls qui aient été regardés de travers; pas les seuls qui aient été l'objet de gestes menaçans; mais il y a des députés qui croiroient peu digne de leur caractère et de la mission qu'ils ont à remplir, d'attirer sur leurs personnes l'attention d'une assemblée occupée des plus grands intérêts publics, et de lui faire perdre son temps à écouter le récit de leurs aventures.

L'assemblée constituante a délibéré pendant deux ans au milieu de toutes les fureurs et de toutes les violences; et à Versailles, aux 5 et 6 octobre, elle délibéroit encore que ses bancs étoient envahis par la foule venue de Paris. La convention, si j'osois le rappeler, vit la tête d'un de ses membres promenée dans son enceinte, sans que le président, M. Boissy d'Anglas, quittât le fauteuil : les communes d'Angleterre ont été souvent entourées par une populace nombreuse qui insultoit les membres, leur jetoit de la boue, déchiroit leurs vêtemens. Le sénat romain délibéroit encore que les Gaulois étoient dans la ville; c'est principalement dans les temps de trouble et de danger que le chef de l'Etat convoque les assemblées et s'entoure de leurs conseils et de leur appui, et sans doute aucun des députés n'a exigé de ses commettans la garantie qu'il n'auroit ici que plaisirs à goûter et discours à faire. Cependant toutes les séances ont été remplies et toutes les délibérations suspendues par les récits vrais ou faux de tout ce qu'on avoit, soi ou d'autres, vu et entendu, récits faits avec une prolixité si fatigante et si démesurée, qu'il étoit évident qu'on ne vouloit que faire perdre le temps et éloigner la délibération. Mais il étoit plus évident encore que ces mêmes députés, en se faisant les défenseurs de tous ceux contre qui la force armée avoit été obligée de sévir, faisoient en quelque sorte une apologie de la révolte, et en enhardissoient les auteurs et leurs complices. Aussi après avoir fait ainsi un appel à toutes les haines, à toutes les passions, à toutes les fureurs, quelques-uns ont fini par déclarer que, ne se croyant pas libres de délibérer quand ils abusoient jusqu'au dernier excès de la liberté de parler, ils ne délibéreroient plus, et ont demandé que leur déclaration fût insérée au procès-verbal, ce qui a été fait.

Il y a apparence qu'ils ont oublié le droit public de toute assemblée législative. En effet ces assemblées, exerçant le pouvoir législatif conjointement avec le roi, ne peuvent exercer ce pouvoir que par une délibération à la majorité des voix. Une chambre qui, en majorité, refuseroit de délibérer, seroit coupable de haute trahison, et pourroit être poursuivie, aux termes de l'article 33 de la Charte, parce qu'elle arrêteroit l'action du gouvernement et attenteroit par là à la sûreté de l'État.

Mais une minorité qui refuse de délibérer et déclare qu'elle ne prendra aucune part à la délibération, qui le signifie *légalement* à l'assemblée par l'insertion au procès-verbal, se met en état de rébellion; elle prive l'assemblée d'une partie essentielle d'elle-même, puisque toute délibération se compose du vœu de la minorité comme de celui de la majorité; et si des motifs d'indulgence ne permettent pas à la chambre de qualifier de haute trahison la rébellion de cette minorité, attendu qu'elle n'empêche pas la délibération, ce refus du moins doit être regardé comme une démission effective et volontaire des fonctions de député, démission qui constitue la chambre en droit et en devoir de s'adresser au gouvernement pour qu'il ait à pourvoir au remplacement des députés démissionnaires.

La session qui finit a moins été une session législative qu'une campagne de guerre. Jamais depuis la restauration on n'avoit vu plus de violence ni entendu plus d'injures. Elles ont été prodiguées à l'aristocratie, à la chambre de 1815, aux ministres du roi. Avec de pareilles formes, s'il y a encore dans un Etat des moyens de contrainte, il n'y a plus d'autorité, parce qu'il n'y a plus de respect.

IMPRIMERIE DE COSSON, RUE GARENCIÈRE, N° 5.

www.ingramcontent.com/pod-product-compliance
Lightning Source LLC
LaVergne TN
LVHW050517160826
845677LV00003B/1179